全国计算机技术与软件专业技术资格（水平）考试指定用书

电子商务设计师考试大纲

全国计算机专业技术资格考试办公室　编

清华大学出版社
北　京

内 容 简 介

本书是全国计算机专业技术资格考试办公室组织编写的电子商务设计师考试大纲（2019年审定通过），本书除大纲内容外，还包括了人力资源和社会保障部、工业和信息化部的有关文件以及考试简介。

电子商务设计师考试大纲是针对本考试的计算机应用技术中级资格制定的。通过本考试的考生，可被用人单位择优聘任为工程师。

本书封面贴有清华大学出版社防伪标签，无标签者不得销售。
版权所有，侵权必究。举报：010-62782989，beiqinquan@tup.tsinghua.edu.cn。

图书在版编目(CIP)数据

电子商务设计师考试大纲 / 全国计算机专业技术资格考试办公室编. —北京：清华大学出版社，2019（2025.3重印）
全国计算机技术与软件专业技术资格（水平）考试指定用书
ISBN 978-7-302-53688-8

Ⅰ. ①电… Ⅱ. ①全… Ⅲ. ①电子商务－资格考试－考试大纲 Ⅳ. ①F713.36-41

中国版本图书馆 CIP 数据核字（2019）第 178369 号

责任编辑：杨如林
封面设计：何凤霞
责任校对：胡伟民
责任印制：宋　林

出版发行：清华大学出版社
　　　　网　　址：https://www.tup.com.cn，https://www.wqxuetang.com
　　　　地　　址：北京清华大学学研大厦 A 座　　邮　　编：100084
　　　　社 总 机：010-83470000　　邮　　购：010-62786544
　　　　投稿与读者服务：010-62776969，c-service@tup.tsinghua.edu.cn
　　　　质量反馈：010-62772015，zhiliang@tup.tsinghua.edu.cn
印 装 者：大厂回族自治县彩虹印刷有限公司
经　　销：全国新华书店
开　　本：130mm×185mm　　印　张：3.125　　字　数：72千字
版　　次：2019年12月第1版　　印　次：2025年3月第2次印刷
定　　价：15.00 元

产品编号：080975-01

前　言

全国计算机技术与软件专业技术资格（水平）考试（以下简称"计算机软件考试"）是由人力资源和社会保障部、工业和信息化部领导下的专业技术资格考试，属于国家职业资格考试。人事部、信息产业部联合颁发的国人部发[2003]39号文件规定了这种考试的政策。计算机软件考试包括了计算机软件、计算机网络、计算机应用、信息系统、信息服务等领域初级资格（技术员/助理工程师）、中级资格（工程师）、高级资格（高级工程师）的 27 种职业岗位。根据信息技术人才年轻化的特点和要求，报考这种资格考试不限学历与资历条件，以不拘一格选拔人才。现在，软件设计师、程序员、网络工程师、数据库系统工程师、系统分析师考试标准已经实现了中国与日本互认，程序员和软件设计师考试标准已经实现了中国和韩国互认。

各种资格的考试大纲（考试标准）体现了相应职业岗位对知识与能力的要求。这些要求是由全国计算机专业技术资格考试办公室组织了全国相关企业、研究所、高校等许多专家，调研了很多相关企业的相应职业岗位，参考了先进国家的有关考试标准，逐步提炼，反复讨论形成的。一般的做法是先确定相应职业岗位的工作流程，对每个工作阶段又划分多个关键性活动，对每项活动再列出所需的知识以及所需的能力要求，最后，汇总这些知识要求与能力要求，形成考试大纲。初级与中级资格考试一般包括基础知识与应用技术两大科目；高级资格考试一般包括综合知识、案例分析与论文三大科目。

正由于考试大纲来源于职业岗位的要求,是考试命题的依据,因此,这种考试已成为衡量考生是否具有职业岗位要求的一个检验标准,受到社会上各用人单位的广泛欢迎。20多年的考试历史也证明,这种考试已经成为我国著名的 IT 考试品牌,大批合格人员得到了升职聘用,对国家信息化建设发挥了重要的作用。这就是广大在职人员以及希望从事相关专业工作的学生积极报考的原因。

计算机软件考试的其他有关信息见网站 www.ruankao.org.cn 中的资格考试栏目。

编　者

2019 年 10 月

人 事 部
信 息 产 业 部 文件

国人部发〔2003〕39号

关于印发《计算机技术与软件专业技术资格（水平）考试暂行规定》和《计算机技术与软件专业技术资格（水平）考试实施办法》的通知

各省、自治区、直辖市人事厅（局）、信息产业厅（局），国务院各部委、各直属机构人事部门，中央管理的企业：

  为适应国家信息化建设的需要，规范计算机技术与软件专业人才评价工作，促进计算机技术与软件专业人才队伍建设，人事部、信息产业部在总结计算机软件专业资格和水平考试实施情况的基础上，重新修订了计算机软件专业资格和水平考试有关规定。现将《计算机技术与软件专业技术资格（水平）考试暂行规定》和《计算机技术与软件专业技术资格（水平）考试实施办法》

印发给你们，请遵照执行。

自 2004 年 1 月 1 日起，人事部、原国务院电子信息系统推广应用办公室发布的《关于印发〈中国计算机软件专业技术资格和水平考试暂行规定〉的通知》（人职发〔1991〕6 号）和人事部《关于非在职人员计算机软件专业技术资格证书发放问题的通知》（人职发〔1994〕9 号）即行废止。

中华人民共和国　　中华人民共和国
　人　事　部　　　信息产业部

二〇〇三年十月十八日

计算机技术与软件专业技术资格（水平）考试暂行规定

第一条 为适应国家信息化建设的需要，加强计算机技术与软件专业人才队伍建设，促进我国计算机应用技术和软件产业的发展，根据国务院《振兴软件产业行动纲要》以及国家职业资格证书制度的有关规定，制定本规定。

第二条 本规定适用于社会各界从事计算机应用技术、软件、网络、信息系统和信息服务等专业技术工作的人员。

第三条 计算机技术与软件专业技术资格（水平）考试（以下简称计算机专业技术资格（水平）考试），纳入全国专业技术人员职业资格证书制度统一规划。

第四条 计算机专业技术资格（水平）考试工作由人事部、信息产业部共同负责，实行全国统一大纲、统一试题、统一标准、统一证书的考试办法。

第五条 人事部、信息产业部根据国家信息化建设和信息产业市场需求，设置并确定计算机专业技术资格（水平）考试专业类别和资格名称。

计算机专业技术资格（水平）考试级别设置：初级资格、中级资格和高级资格3个层次。

第六条 信息产业部负责组织专家拟订考试科目、考试大纲和命题，研究建立考试试题库，组织实施考试工作和统筹规划培训等有关工作。

第七条 人事部负责组织专家审定考试科目、考试大纲和试题，会同信息产业部对考试进行指导、监督、检查，确定合格标准。

第八条 凡遵守中华人民共和国宪法和各项法律，恪守职业道德，具有一定计算机技术应用能力的人员，均可根据本人情况，报名参加相应专业类别、级别的考试。

第九条 计算机专业技术资格（水平）考试合格者，由各省、自治区、直辖市人事部门颁发人事部统一印制，人事部、信息产业部共同用印的《中华人民共和国计算机专业技术资格（水平）证书》。该证书在全国范围有效。

第十条 通过考试并获得相应级别计算机专业技术资格（水平）证书的人员，表明其已具备从事相应专业岗位工作的水平和能力，用人单位可根据《工程技术人员职务试行条例》有关规定和工作需要，从获得计算机专业技术资格（水平）证书的人员中择优聘任相应专业技术职务。

取得初级资格可聘任技术员或助理工程师职务；取

得中级资格可聘任工程师职务；取得高级资格可聘任高级工程师职务。

第十一条 计算机专业技术资格（水平）实施全国统一考试后，不再进行计算机技术与软件相应专业和级别的专业技术职务任职资格评审工作。

第十二条 计算机专业技术资格（水平）证书实行定期登记制度，每3年登记一次。有效期满前，持证者应按有关规定到信息产业部指定的机构办理登记手续。

第十三条 申请登记的人员应具备下列条件：

（一）取得计算机专业技术资格（水平）证书；

（二）职业行为良好，无犯罪记录；

（三）身体健康，能坚持本专业岗位工作；

（四）所在单位考核合格。

再次登记的人员，还应提供接受继续教育或参加业务技术培训的证明。

第十四条 对考试作弊或利用其他手段骗取《中华人民共和国计算机专业技术资格（水平）证书》的人员，一经发现，即行取消其资格，并由发证机关收回证书。

第十五条 获准在中华人民共和国境内就业的外籍人员及港、澳、台地区的专业技术人员，可按照国家有关政策规定和程序，申请参加考试和办理登记。

第十六条 在本规定施行日前，按照《中国计算机软件专业技术资格和水平考试暂行规定》（人职发〔1991〕6号）参加考试并获得人事部印制、人事部和信息产业部共同用印的《中华人民共和国专业技术资格证书》(计算机软件初级程序员、程序员、高级程序员资格)和原中国计算机软件专业技术资格(水平)考试委员会统一印制的《计算机软件专业水平证书》的人员,其资格证书和水平证书继续有效。

第十七条 本规定自 2004 年 1 月 1 日起施行。

计算机技术与软件专业技术资格（水平）考试实施办法

第一条 计算机技术与软件专业技术资格（水平）考试（以下简称计算机专业技术资格（水平）考试）在人事部、信息产业部的领导下进行，两部门共同成立计算机专业技术资格（水平）考试办公室（设在信息产业部），负责计算机专业技术资格（水平）考试实施和日常管理工作。

第二条 信息产业部组织成立计算机专业技术资格（水平）考试专家委员会，负责考试大纲的编写、命题、建立考试试题库。

具体考务工作由信息产业部电子教育中心（原中国计算机软件考试中心）负责。各地考试工作由当地人事行政部门和信息产业行政部门共同组织实施，具体职责分工由各地协商确定。

第三条 计算机专业技术资格（水平）考试原则上每年组织两次，在每年第二季度和第四季度举行。

第四条 根据《计算机技术与软件专业技术资格（水平）考试暂行规定》（以下简称《暂行规定》）第五

条规定，计算机专业技术资格（水平）考试划分为计算机软件、计算机网络、计算机应用技术、信息系统和信息服务5个专业类别，并在各专业类别中分设了高、中、初级专业资格考试，详见《计算机技术与软件专业技术资格（水平）考试专业类别、资格名称和级别层次对应表》（附后）。人事部、信息产业部将根据发展需要适时调整专业类别和资格名称。

考生可根据本人情况选择相应专业类别、级别的专业资格（水平）参加考试。

第五条 高级资格设：综合知识、案例分析和论文3个科目；中级、初级资格均设：基础知识和应用技术2个科目。

第六条 各级别考试均分2个半天进行。

高级资格综合知识科目考试时间为2.5小时，案例分析科目考试时间为1.5小时、论文科目考试时间为2小时。

初级和中级资格各科目考试时间均为2.5小时。

第七条 计算机专业技术资格（水平）考试根据各级别、各专业特点，采取纸笔、上机或网络等方式进行。

第八条 符合《暂行规定》第八条规定的人员，由本人提出申请，按规定携带身份证明到当地考试管理机构报名，领取准考证。凭准考证、身份证明在指定的时间、地点参加考试。

第九条 考点原则上设在地市级以上城市的大、中专院校或高考定点学校。

中央和国务院各部门所属单位的人员参加考试,实行属地化管理原则。

第十条 坚持考试与培训分开的原则,凡参与考试工作的人员,不得参加考试及与考试有关的培训。

应考人员参加培训坚持自愿的原则。

第十一条 计算机专业技术资格(水平)考试大纲由信息产业部编写和发行。任何单位和个人不得盗用信息产业部名义编写、出版各种考试用书和复习资料。

第十二条 为保证培训工作健康有序进行,由信息产业部统筹规划培训工作。承担计算机专业技术资格(水平)考试培训的机构,应具备师资、场地、设备等条件。

第十三条 计算机专业技术资格(水平)考试、登记、培训及有关项目的收费标准,须经当地价格行政部门核准,并向社会公布,接受群众监督。

第十四条 考务管理工作要严格执行考务工作的有关规章和制度,切实做好试卷的命制、印刷、发送和保管过程中的保密工作,遵守保密制度,严防泄密。

第十五条 加强对考试工作的组织管理,认真执行考试回避制度,严肃考试工作纪律和考场纪律。对弄虚作假等违反考试有关规定者,要依法处理,并追究当事人和有关领导的责任。

附表（已按国人厅发〔2007〕139号文件更新）

计算机技术与软件专业技术资格（水平）考试专业类别、资格名称和级别对应表

资格名称 级别层次 \ 专业类别	计算机软件	计算机网络	计算机应用技术	信息系统	信息服务
高级资格	\multicolumn{5}{c}{·信息系统项目管理师 ·系统分析师 ·系统架构设计师 ·网络规划设计师 ·系统规划与管理师}				
中级资格	·软件评测师 ·软件设计师 ·软件过程能力评估师	·网络工程师	·多媒体应用设计师 ·嵌入式系统设计师 ·计算机辅助设计师 ·电子商务设计师	·系统集成项目管理工程师 ·信息系统监理师 ·信息安全工程师 ·数据库系统工程师 ·信息系统管理工程师	·计算机硬件工程师 ·信息技术支持工程师
初级资格	·程序员	·网络管理员	·多媒体应用制作技术员 ·电子商务技术员	·信息系统运行管理员	·网页制作员 ·信息处理技术员

主题词：专业技术人员 考试 规定 办法 通知

抄送：党中央各部门、全国人大常委会办公厅、全国政协办公厅、国务院办公厅、高法院、高检院、解放军各总部。

人事部办公厅	2003年10月27日印发

全国计算机软件考试办公室文件

软考办〔2005〕1号

关于中日信息技术考试标准互认
有关事宜的通知

各地计算机软件考试实施管理机构：

为进一步加强我国信息技术人才培养和选拔的标准化，促进国际间信息技术人才的流动，推动中日两国信息技术的交流与合作，信息产业部电子教育中心与日本信息处理技术人员考试中心，分别受信息产业部、人事部和日本经济产业省委托，就中国计算机技术与软件专业技术资格（水平）考试与日本信息处理技术人员考试（以下简称中日信息技术考试）的考试标准，于2005年3月3日再次签署了《关于中日信息技术考试标准互认的协议》，在2002年签署的互认协议的基础上增加了网络工程师和数据库系统工程师的互认。现就中日信息技术考试标准互认中的有关事宜内容通知如下：

一、中日信息技术考试标准互认的级别如下：

中国的考试级别 （考试大纲）	日本的考试级别 （技能标准）
系统分析师	系统分析师 项目经理 应用系统开发师
软件设计师	软件开发师
网络工程师	网络系统工程师
数据库系统工程师	数据库系统工程师
程序员	基本信息技术师

二、采取灵活多样的方式，加强对中日信息技术考试标准互认的宣传，不断扩大考试规模，培养和选拔更多的信息技术人才，以适应日益增长的社会需求。

三、根据国内外信息技术的迅速发展，继续加强考试标准的研究与更新，提高考试质量，进一步树立考试的品牌。

四、鼓励相关企业以及研究、教育机构，充分利用中日信息技术考试标准互认的新形势，拓宽信息技术领域国际交流合作的渠道，开展多种形式的国际交流与合作活动，发展对日软件出口。

五、以中日互认的考试标准为参考，引导信息技术领域的职业教育、继续教育改革，使其适应新形势下的职业岗位实际工作要求。

二〇〇五年三月八日

全国计算机软件考试办公室文件

软考办〔2006〕2号

关于中韩信息技术考试标准互认
有关事宜的通知

各地计算机软件考试实施管理机构：

为加强我国信息技术人才培养和选拔的标准化，促进国际间信息技术人才的流动，推动中韩两国间信息技术的交流与合作，信息产业部电子教育中心与韩国人力资源开发服务中心，分别受信息产业部和韩国信息与通信部的委托，对中国计算机技术与软件专业技术资格（水平）考试与韩国信息处理技术人员考试（以下简称中韩信息技术考试）的考试标准进行了全面、认真、科学的分析比较，于2006年1月19日签署了《关于中韩信息技术考试标准互认的协议》，实现了程序员、软件设计师考试标准的互认，现将中韩信息技术考试标准互认的有关事宜通知如下：

一、中韩信息技术考试标准互认的级别如下：

中国的考试级别 （考试大纲）	韩国的考试级别 （技能标准）
软件设计师	信息处理工程师
程序员	信息处理产业工程师

二、各地应以中韩互认的考试标准为参考，积极引导信息技术领域的职业教育发展，使其适应新形势下的职业岗位的要求。

三、鼓励相关企业以及研究、教育机构，充分利用中韩信息技术考试标准互认的新形势，拓宽信息技术领域国际交流合作的渠道，开展多种形式的国际交流与合作活动，发展对韩软件出口。

四、根据国内外信息技术的迅速发展，加强考试标准的研究与更新，提高考试质量，进一步树立考试的品牌。

五、各地应采取灵活多样的方式，加强对中韩信息技术考试标准互认的宣传，不断扩大考试规模，培养和选拔更多的信息技术人才，以适应日益增长的社会需求。

二〇〇六年二月五日

全国计算机技术与软件专业技术资格（水平）考试简介

全国计算机技术与软件专业技术资格（水平）考试（简称计算机软件考试）是在人力资源和社会保障部、工业和信息化部领导下的国家考试，其目的是，科学、公正地对全国计算机技术与软件专业技术人员进行职业资格、专业技术资格认定和专业技术水平测试。

计算机软件考试在全国范围内已经实施了二十多年，年考试规模已超过三十万人。该考试由于其权威性和严肃性，得到了社会及用人单位的广泛认同，并为推动我国信息产业特别是软件产业的发展和提高各类IT人才的素质做出了积极的贡献。

根据人事部、信息产业部文件（国人部发〔2003〕39号），计算机软件考试纳入全国专业技术人员职业资格证书制度的统一规划。通过考试获得证书的人员，表明其已具备从事相应专业岗位工作的水平和能力，用人单位可根据工作需要从获得证书的人员中择优聘任相应专业技术职务（技术员、助理工程师、工程师、高级工程师）。计算机技术与软件专业实施全国统一考试后，不再进行相应专业技术职务任职资格的评审工作。因此，这种考试既是职业资格考试，又是专业技术资格考试。报考任何级别不需要学历、资历条件，考生可根据自己熟悉的专业情况和水平选择适当的级别报考。程序员、软件设计师、系统分析师、网络工程师、数据库系统工程师的考试标准已与日本相应级别实现互认，程序员和软件设计师的考试标准还实现了中韩互认，以后还将扩大考试互认的级别以及互认的国家。

本考试分5个专业类别：计算机软件、计算机网络、计算机应用技术、信息系统和信息服务。每个专业又分3个层次：高级资格（高级工程师）、中级资格（工程师）、初级资格（助理工程师、技术员）。对每个专业、每个层次，设置了若干个资格（或级别）。

考试合格者将颁发由人力资源和社会保障部、工业和信息化部用印的计算机技术与软件专业技术资格（水平）证书。

本考试每年分两次举行。每年上半年和下半年考试的级别不尽相同。考试大纲、指定教材、辅导用书由全国计算机专业技术资格考试办公室组编陆续出版。

关于考试的具体安排、考试用书、各地报考咨询联系方式等都在网站 www.ruankao.org.cn 公布。在该网站上还可以查询证书的有效性。

电子商务设计师考试大纲

一、考 试 说 明

1．考试目标

通过本级别考试的人员，熟悉电子商务相关的基础知识；能参与企业电子商务系统的规划和设计；能组织相关人员从事电子商务网站的建立、维护和管理工作；能为电子商务流程设计、客户服务等提供技术支持；能开展网上市场调研、网上促销等网络营销活动；具有工程师的实际工作能力和业务水平。

2．考试要求

（1）熟悉计算机系统基本原理、计算机主要部件与常用I/O设备的功能；

（2）熟悉计算机网络基本原理，熟悉网络操作系统的基础知识以及安装和使用；

（3）掌握数据库系统基础知识和应用；

（4）熟悉 TCP/IP 体系结构、Internet 应用及局域网的组建和管理方法；

（5）掌握 HTML5、XHTML、XML 语言以及网络应用编程方法；

（6）熟悉 J2EE 和.NET 体系结构及其编程技术；

（7）掌握信息系统的分析、设计、开发和测试方法；

（8）熟悉系统开发项目管理的思想，掌握项目管理的一

般方法;

（9）了解电子商务基本模式、模式创新及发展趋势;

（10）熟悉电子商务交易的一般流程;

（11）掌握电子支付概念，熟悉常用的支付工具和支付系统;

（12）熟悉现代物流技术和供应链技术;

（13）了解网络营销的发展历程;

（14）熟悉网络营销的含义和主要职能、网络营销系统的构成、网络市场调研的步骤和方法;

（15）掌握网络营销策略、网络广告策略和网络营销的基本方法;

（16）熟悉电子商务安全策略与安全技术;

（17）熟悉电子商务网站的运行、维护和管理;

（18）了解物联网、云计算、大数据、区块链、智能终端等技术的发展和应用;

（19）熟悉跨境电子商务，了解跨境电商的生态系统构成和发展趋势;

（20）了解电子商务相关的经济学和管理学基本原理，熟悉电子商务相关的法律和法规;

（21）了解中国智能制造、互联网+行动方案、人工智能发展规划等国家政策方针;

（22）正确阅读和理解电子商务领域的英文资料。

3．考试科目设置

（1）电子商务系统基础知识，考试时间为 150 分钟，笔试;

（2）电子商务系统分析与设计应用技术，考试时间为 150 分钟，笔试。

二、考试范围

考试科目1：电子商务系统基础知识

1. **电子商务概述**
   1.1 电子商务模式与发展
      1.1.1 电子商务的概念
      1.1.2 电子商务的分类
      1.1.3 电子商务的发展历程
      1.1.4 电子商务模式
   1.2 电子商务发展的基本原理与规律
      1.2.1 双边市场理论
      1.2.2 长尾理论
      1.2.3 电子商务发展的一般规律与现象
         - 摩尔定律
         - 吉尔德定律
         - 梅特卡夫定律
         - 达维多定律
         - 锁定效应
         - 安迪比尔定律
         - 反摩尔定律
   1.3 电子商务产业政策与发展机遇
      1.3.1 跨境电子商务
      1.3.2 社区电子商务
      1.3.3 农村电子商务
      1.3.4 电子商务发展机遇

- 互联网+行动计划
- 一带一路
- 智能制造
- 人工智能行动计划

2. 电子商务信息安全

2.1 电子商务信息安全威胁与防范

2.1.1 信息安全概述

2.1.2 电子商务安全体系
- 计算机网络安全
- 商务交易安全
- 电子商务安全体系

2.1.3 电子商务安全策略

2.2 加密技术

2.2.1 基本概念

2.2.2 对称密钥密码体制
- 对称密钥密码体制原理
- DES 算法

2.2.3 非对称密钥密码体制
- 非对称密钥密码体制原理
- RSA 算法

2.2.4 数字信封

2.3 认证技术

2.3.1 身份认证

2.3.2 数字签名

2.3.3 数字证书与认证机构

2.4 防止非法入侵

2.4.1 防火墙

2.4.2 入侵检测
2.4.3 安全协议
- SSL 协议
- SET 协议
- SSL 协议与 SET 协议比较

2.5 备份与恢复
2.5.1 数据备份技术
2.5.2 灾难恢复技术

2.6 计算机病毒与防治
2.6.1 计算机病毒概述
2.6.2 计算机病毒分类
2.6.3 计算机病毒检测及防范

2.7 物理环境安全与容灾

3. 电子支付技术与系统

3.1 电子货币及其职能
3.1.1 电子货币的定义
3.1.2 电子货币的属性与职能

3.2 电子支付及清算模式
3.2.1 电子支付方式
- 信用卡电子支付方式
- 电子支票支付方式
- 电子现金支付方式

3.2.2 电子支付业务流程
3.2.3 电子支付工具
- 信用卡
- 电子支票
- 电子现金

  3.2.4 资金清算
 3.3 电子支付系统
  3.3.1 电子支付系统的构成与分类
  3.3.2 大额电子支付系统
  3.3.3 小额电子支付系统
- ATM 系统下的银行卡支付
- POS 系统下银行卡支付
- 因特网条件下的电子支付系统

 3.4 第三方支付模式
  3.4.1 第三方支付的基本模式
  3.4.2 第三方支付模式的应用
  3.4.3 第三方支付的监管
 3.5 电子支付的风险管理
  3.5.1 支付系统的风险防范
- 信用风险防范
- 流动性风险防范
- 操作风险防范
- 法律风险防范
- 欺诈风险防范
- 系统风险防范

  3.5.2 电子支付工具的风险
- 信用风险
- 欺诈风险
- 技术风险

  3.5.3 电子支付监管

4. 电子商务物流与供应链管理
 4.1 电子商务与物流

- 4.1.1 物流及物流标准化
- 4.1.2 电子商务物流
- 4.2 物流系统与职能
  - 4.2.1 物流系统及基本职能
  - 4.2.2 运输
  - 4.2.3 仓储
  - 4.2.4 装卸搬运
  - 4.2.5 配送中心
  - 4.2.6 物流信息管理
- 4.3 现代物流信息技术
  - 4.3.1 电子商务条件下物流技术发展
  - 4.3.2 电子商务物流的信息技术
    - 自动标识与数据采集技术
    - 条形码技术
    - 射频标识
    - 机器视觉技术
  - 4.3.3 其他主要物流信息技术
    - GPS 技术及应用
    - GIS 技术及应用
    - 控管技术及应用
  - 4.3.4 物联网技术的应用
- 4.4 供应链及供应链管理
  - 4.4.1 供应链管理框架
  - 4.4.2 供应链的失调与协调
  - 4.4.3 供应链的平台化管理
  - 4.4.4 绿色供应链

5. 网络营销

    5.1 网络营销概述

    5.1.1 网络营销的发展

    5.1.2 网络营销的含义

    5.1.3 网络营销的主要职能
    - 信息发布
    - 网上调研
    - 销售促进
    - 网站推广
    - 顾客服务
    - 品牌建设
    - 网上销售
    - 顾客关系

    5.1.4 网络营销系统
    - 网络营销系统的构成
    - 网络营销系统设计

    5.2 网络市场调研

    5.2.1 网络市场调研概述
    - 网络市场调研的含义
    - 网络市场调研的特点
    - 网络市场调研的缺点

    5.2.2 网络市场调研原则
    - 网站设计具有吸引力
    - 在线调研问卷设计合理
    - 隐私保护声明
    - 降低样本分布不均衡的影响
    - 奖项设置合理

- 采用多种网络市场调研手段

5.2.3 网络市场调研程序
- 确定调研问题
- 确定调研目标
- 设计调研方案
- 收集信息
- 整理和分析信息
- 撰写调研报告

5.2.4 网络市场调研方法
- 网络市场直接调研方法
- 网络市场间接调研方法

5.3 网络营销策略

5.3.1 网络产品策略
- 网络营销中的产品
- 网络营销的新产品策略
- 网络营销品牌策略

5.3.2 网络营销价格策略
- 网络营销定价的基本原则
- 免费和收费定价策略

5.3.3 网络分销渠道策略
- 网络分销渠道的定义和功能
- 网络分销渠道的类型
- 电子中间商
- 网络分销渠道策略

5.3.4 网络营销站点推广策略
- 搜索引擎推广
- 网络广告投放

- 发送电子邮件
- 电子杂志
- 发布新闻
- 网站合作推广

5.3.5 网络营销客户关系管理策略
- 客户关系管理的概念
- 网络客户关系管理策略的制定

5.4 网络广告

5.4.1 网络广告概述
- 网络广告的发展
- 网络广告的定义
- 网络广告的优缺点

5.4.2 网络广告的形式
- Web 站点广告
- 电子邮件广告
- 富媒体广告
- 植入式广告
- 原生广告

5.4.3 网络广告策略
- 网络广告定位策略
- 网络广告时间策略
- 网络广告导向策略
- 网络广告展现策略

5.4.4 网络广告的计价方法和效果评价
- 网络广告的计价方法
- 网络广告的效果评价

5.5 网络营销的主要方法

5.5.1 搜索引擎营销
- 搜索引擎基础
- 搜索引擎营销的定义
- 搜索引擎营销的任务
- 搜索引擎营销的目标层次
- 搜索引擎优化策略

5.5.2 病毒性营销
- 病毒性营销的定义
- 病毒性营销的特性
- 成功病毒性营销的基本要素
- 病毒性营销的实施步骤
- 实现病毒性营销的途径

5.5.3 网络社区营销
- 网络社区营销的定义
- 网络社区的分类
- 网络社区营销的优势
- 网络社区营销的缺陷和不足

5.5.4 移动营销
- 移动营销概述
- 微信营销
- LBS营销
- App及AR

5.5.5 博客营销与微博营销
- 博客的定义和特点
- 博客营销的价值
- 博客营销的操作方式
- 博客营销策略

- 微博营销

5.5.6 E-mail 营销
- E-mail 营销的定义
- E-mail 营销的分类
- E-mail 营销的基础条件与实施步骤

6. 电子商务系统程序设计基础

6.1 电子商务系统网络技术

6.1.1 Internet 技术

6.1.2 Internet 的 IP 地址及域名

6.1.3 Internet 服务
- WWW 服务
- 电子邮件服务（E-mail Service）
- 文件传输服务（FTP）
- 远程登录服务（Telnet）
- 新闻组服务（NewsGroup）
- Intranet 技术

6.2 电子商务平台开发基础

6.2.1 .NET 平台技术及其结构

6.2.2 J2EE 平台技术及其结构

6.2.3 移动端开发平台技术及其结构

6.3 Web 设计基础

6.3.1 HTML5 标记语言

6.3.2 CSS3 样式表

6.3.3 JavaScript

6.3.4 jQuery

6.3.5 AJAX

6.3.6 JSON

- 6.3.7 XML
- 6.3.8 数据库技术
  - 数据库技术基本理论
  - 数据仓库、联机分析处理和数据挖掘
  - SQL 语言

6.4 电子商务系统平台配置
- 6.4.1 电子商务系统总体规划
- 6.4.2 电子商务网站的基本构件
- 6.4.3 电子商务网站的基本功能
- 6.4.4 系统平台的选择与配置
  - PHP 平台的搭建
  - .NET 平台的搭建
  - Java 平台的搭建
  - App 开发平台的搭建

7. 电子商务新技术与新应用

7.1 云计算
- 7.1.1 云计算相关概念
- 7.1.2 云计算技术
- 7.1.3 云计算产业体系
  - 云计算服务业
  - 云计算制造业
  - 基础设施服务业
  - 云计算支持产业
- 7.1.4 云计算对电子商务的发展影响

7.2 大数据
- 7.2.1 大数据相关概念
- 7.2.2 大数据技术

  7.2.3 大数据产业体系
- 大数据解决方案提供商
- 大数据处理服务提供商
- 大数据资源提供商

  7.2.4 大数据对电子商务的发展影响

 7.3 区块链

  7.3.1 区块链的概念和特征

  7.3.2 区块链的关键技术架构和发展趋势

  7.3.3 区块链产业体系
- 平台建设
- 区块链硬件制造和基础设施
- 区块链安全防护
- 区块链行业服务机构

  7.3.4 区块链对电子商务的发展影响

 7.4 人工智能

  7.4.1 人工智能技术发展概述

  7.4.2 人工智能技术

  7.4.3 人工智能产业体系
- 智能基础设施
- 智能信息及数据
- 智能技术服务
- 智能产品

  7.4.4 人工智能对电子商务的发展影响

8. 电子商务法律规范与伦理道德

 8.1 电子商务法基本范畴

  8.1.1 电子商务法的含义

  8.1.2 电子商务法律主体

  8.1.3 电子商务法律客体
- 物
- 行为
- 智力成果和无形财产

8.2 电子商务立法的现状
  8.2.1 电子商务立法的主要内容
  8.2.2 电子商务立法的基本情况

8.3 我国电子商务法的主要内容及解读
  8.3.1 电子商务法的定位与体例、结构
  8.3.2 电子商务法的适用范围和调整对象
  8.3.3 电子商务法对电子商务经营者的规定
  8.3.4 电子商务法的行业促进

8.4 跨境电子商务的法律规范
  8.4.1 跨境电子商务的法律适用
- 电子商务法
- 跨境电子商务的相关法律
- 跨境电子商务中的国际贸易惯例

  8.4.2 跟单信用证电子交单国际惯例
- eUCP 简介
- eUCP 的主要内容
- eUCP 的评价

  8.4.3 网络环境下的国际贸易术语

8.5 电子商务中的伦理道德
  8.5.1 电子商务中的道德问题
  8.5.2 电子商务信用体系建设
  8.5.3 电子商务网络伦理体系的建立
- 宏观层面：政府规范+舆论监督

- 中观层面：行业自律
- 个体层面：自我约束
- 典型案例

9. 专业英语
- 掌握电子商务的基本词汇
- 正确阅读和理解电子商务领域的英文资料

考试科目 2：电子商务系统分析与设计应用技术

1. **电子商务系统规划**

   1.1 电子商务应用系统的总体规划

   1.1.1 电子商务应用系统的生命周期和开发模型
   - 生命周期
   - 开发模型

   1.1.2 电子商务应用系统的规划内容与方法

   1.1.3 电子商务系统方案的确定
   - 确定候选方案
   - 分析候选方案
   - 比较候选方案
   - 修改项目计划

   1.1.4 电子商务系统规划的人员组成

   1.2 电子商务系统的可行性分析

   1.2.1 信息收集的方法

   1.2.2 可行性分析
   - 运行可行性
   - 技术可行性
   - 经济可行性

- 社会环境可行性
- 1.2.3 可行性研究的步骤
- 1.2.4 数据流图
- 1.2.5 数据字典
- 1.3 电子商务系统需求分析
  - 1.3.1 需求分析的任务与原则
  - 1.3.2 需求获取的方法
  - 1.3.3 系统分析与建模
  - 1.3.4 数据模型
    - 数据模型的基本概念
    - 数据模型的三要素
    - E-R 模型
    - 层次模型
  - 1.3.5 需求分析图形工具
    - 层次方框图
    - Warnier 图
    - IPO 图
  - 1.3.6 系统方案的制订、评价和改进
- 1.4 电子商务系统设计
  - 1.4.1 电子商务系统设计的概念与目标
  - 1.4.2 电子商务系统的组成与功能
  - 1.4.3 电子商务系统设计的相关技术
    - 中间件
    - 企业应用集成
    - Web 服务
    - 工作流

2. 电子商务系统建设

2.1 B/S 结构程序设计

2.1.1 Web 编程技术概述
- JSP（Java Server Pages）
- J2EE/Java EE
- PHP（Hypertext Preprocessor）
- ASP.NET

2.1.2 ASP.NET 概述

2.1.3 ASP.NET 控件

2.1.4 ASP.NET 的内置对象
- Page 对象
- Request 传递请求对象
- Response 请求响应对象
- Application 状态对象
- Session 状态对象
- Server 服务对象
- Cookie 状态对象

2.1.5 ADO.NET 数据库访问技术
- ADO.NET 的作用与组成
- ADO.NET 使用过程
- 连接 SQL 数据库
- DataSet 数据集
- DataAdapter 适配器对象
- DataView 数据视图对象
- Command 执行对象
- DataReader 数据访问对象

2.1.6 数据绑定控件

- 网格视图控件（GridView）
- 重复列表控件（Repeater）
- 数据列表控件（DataList）
- 表单视图控件（FormView）
- 详细视图控件（DetailsView）

2.1.7 Web App 开发

2.2 电子商务系统框架设计

2.2.1 电子商务系统开发常用数据库的设计

2.2.2 ASP.NET 母版页

2.2.3 ASP.NET 站点导航

2.2.4 Web 系统的三层结构

2.2.5 App 前端框架

2.3 电子商务系统组件设计

2.3.1 用户登录

2.3.2 购物车设计

2.3.3 搜索设计

2.3.4 添加模块设计

2.3.5 修改模块设计

2.3.6 删除模块设计

2.3.7 App 扫码设计

2.4 电子商务系统安全设计

2.4.1 电子商务系统安全威胁

2.4.2 安全措施设计
- 用户密码加密
- 验证码
- 防止 SQL 注入攻击
- 安全脚本设计

3. 电子商务系统测试

- 3.1 软件测试的基本概念
- 3.2 软件测试文档
- 3.3 准备测试环境
- 3.4 软件测试的基本方法
    - 3.4.1 静态测试
        - 人工测试方法
        - 计算机辅助静态分析
        - 程序正确性证明
    - 3.4.2 动态测试
    - 3.4.3 白盒测试
        - 逻辑覆盖法
        - 基本路径测试法
    - 3.4.4 黑盒测试
        - 等价类划分
        - 边界值分析
        - 决策表
        - 元素分析法与错误推测法
- 3.5 软件测试阶段
    - 3.5.1 单元测试
    - 3.5.2 集成测试
    - 3.5.3 确认测试
    - 3.5.4 系统测试
        - 负载测试
        - 压力测试
        - 可靠性测试
        - 安全性测试

- 兼容性/配置测试
- 容错性测试
- 可用性测试
- 文档测试

3.5.5 验收测试
3.5.6 回归测试
3.6 基于 Web 的系统测试方式
3.6.1 用户界面测试
3.6.2 功能测试
- 链接测试
- Cookies 测试
- 表单测试
- 交易功能测试

3.6.3 数据库测试
3.6.4 Web 安全性测试
3.6.5 安装测试
3.7 测试工具
3.7.1 白盒测试工具
3.7.2 黑盒测试工具
3.7.3 测试管理工具
- SQA Suite
- Pure Atria
- e-Test Suite

4. 电子商务系统的运维与评价
 4.1 电子商务系统的运行与维护
  4.1.1 运行管理的内容、方法和策略
  4.1.2 系统维护的要求与常用方法

4.2 电子商务系统的发布与推广
　　4.2.1 电子商务系统发布
　　4.2.2 电子商务系统推广
　　　　• 搜索引擎推广
　　　　• 网络广告投放推广
　　　　• 发布新闻组
　　　　• 网站合作推广
4.3 电子商务系统日常运行管理
　　4.3.1 电子商务系统运行情况的分析
　　4.3.2 电子商务系统安全运行的监控与分析
　　4.3.3 数据备份与恢复
4.4 电子商务系统的评价
4.5 电子商务信息处理
　　4.5.1 电子商务信息采集、处理与分析
　　4.5.2 客户信息管理
　　4.5.3 网上单证管理
　　　　• 网上单证格式
　　　　• 单证流程设计
　　　　• 单证处理
　　4.5.4 网络促销策划

5. 电子商务项目控制与优化
5.1 电子商务项目
　　5.1.1 电子商务项目管理
　　5.1.2 电子商务项目管理的内容
　　5.1.3 电子商务项目计划的制订
5.2 电子商务项目进度计划与控制
　　5.2.1 项目计划及控制概述

  5.2.2 项目进度计划与工具
  5.2.3 项目控制方法
- 甘特图
- 网络图
- 关键线路法

  5.2.4 进度控制
 5.3 网络计划调整与优化
  5.3.1 进度控制及计划优化
- 时间成本平衡法
- 时间优化法

  5.3.2 资源计划及均衡
 5.4 电子商务项目费用和风险管理
  5.4.1 费用计划与控制概述
  5.4.2 风险管理概述

6. 电子商务案例分析

 6.1 网络营销案例分析
 6.2 电子支付案例分析
 6.3 协同商务案例分析
 6.4 商务模式案例分析
 6.5 电子商务综合案例分析

电子商务设计师考试培训指南

一、考试说明

1. 考试目标

通过本级别考试的人员，熟悉电子商务相关的基础知识；能参与企业电子商务系统的规划和设计；能组织相关人员从事电子商务网站的建立、维护和管理工作；能为电子商务流程设计、客户服务等提供技术支持；能开展网上市场调研、网上促销等网络营销活动；具有工程师的实际工作能力和业务水平。

2. 考试要求

（1）熟悉计算机系统基本原理、计算机主要部件与常用I/O设备的功能；

（2）熟悉计算机网络基本原理，熟悉网络操作系统的基础知识以及安装和使用；

（3）掌握数据库系统基础知识和应用；

（4）熟悉TCP/IP体系结构、Internet应用及局域网的组建和管理方法；

（5）掌握HTML5、XHTML、XML语言以及网络应用编程方法；

（6）熟悉J2EE和.NET体系结构及其编程技术；

（7）掌握信息系统的分析、设计、开发和测试方法；

（8）熟悉系统开发项目管理的思想，掌握项目管理的一般方法；

（9）了解电子商务基本模式、模式创新及发展趋势；

（10）熟悉电子商务交易的一般流程；

（11）掌握电子支付概念，熟悉常用的支付工具和支付系统；

（12）熟悉现代物流技术和供应链技术；

（13）了解网络营销的理论基础、发展历程及趋势；

（14）熟悉网络营销的定义和功能，网络市场调研的方法；

（15）掌握网络营销策略、网络广告策略和网络营销的基本方法；

（16）熟悉电子商务安全策略与安全技术；

（17）熟悉电子商务网站的运行、维护和管理；

（18）了解物联网、云计算、大数据、区块链、智能终端等技术的发展和应用；

（19）熟悉跨境电子商务，了解跨境电商的生态系统构成和发展趋势；

（20）了解电子商务相关的经济学和管理学基本原理，熟悉电子商务相关的法律和法规；

（21）了解中国制造2025、互联网+行动方案、人工智能发展规划等国家政策方针；

（22）正确阅读和理解电子商务领域的英文资料。

3．考试科目设置

（1）电子商务系统基础知识，考试时间为150分钟，笔试；

（2）电子商务系统分析与设计应用技术，考试时间为150分钟，笔试。

二、考 试 内 容

说明：

I、II 和 III 表示掌握或熟悉的程度：

I 是指对所列知识要理解其内容及含义（理解）。

II 指在有关问题中能直接使用（一般应用）。

III 是指对所列知识要理解其确切含义及与其他知识的联系，能够进行叙述和解释，并能在实际问题的分析、综合、推理和判断等过程中运用（综合应用）。

考试科目 1：电子商务系统基础知识

1. 电子商务概述

1.1 电子商务模式与发展

　　1.1.1 电子商务的概念（I）

　　1.1.2 电子商务的分类（II）

　　1.1.3 电子商务的发展历程（I）

　　1.1.4 电子商务模式 （II）

1.2 电子商务发展的基本原理与规律

　　1.2.1 双边市场理论（II）

　　1.2.2 长尾理论（II）

　　1.2.3 电子商务发展的一般规律与现象（II）

- 摩尔定律
- 吉尔德定律
- 梅特卡夫定律
- 达维多定律
- 锁定效应

- 安迪比尔定律
- 反摩尔定律

1.3 电子商务产业政策与发展机遇
  1.3.1 跨境电子商务（Ⅱ）
  1.3.2 社区电子商务（Ⅱ）
  1.3.3 农村电子商务（Ⅱ）
  1.3.4 电子商务发展机遇（Ⅱ）
- 互联网+行动计划
- 一带一路
- 智能制造
- 人工智能行动计划

2. 电子商务信息安全

2.1 电子商务信息安全威胁与防范
  2.1.1 信息安全概述（Ⅰ）
  2.1.2 电子商务安全体系（Ⅱ）
- 计算机网络安全
- 商务交易安全
- 电子商务安全体系

  2.1.3 电子商务安全策略（Ⅱ）

2.2 加密技术
  2.2.1 基本概念（Ⅰ）
  2.2.2 对称密钥密码体制（Ⅱ）
- 对称密钥密码体制原理
- DES 算法

  2.2.3 非对称密钥密码体制（Ⅱ）
- 非对称密钥密码体制原理
- RSA 算法

2.2.4 数字信封（Ⅱ）
2.3 认证技术
2.3.1 身份认证（Ⅰ）
2.3.2 数字签名（Ⅰ）
2.3.3 数字证书与认证机构（Ⅰ）
2.4 防止非法入侵
2.4.1 防火墙（Ⅰ）
2.4.2 入侵检测（Ⅰ）
2.4.3 安全协议（Ⅱ）
- SSL 协议
- SET 协议
- SSL 协议与 SET 协议比较

2.5 备份与恢复
2.5.1 数据备份技术（Ⅱ）
2.5.2 灾难恢复技术（Ⅱ）
2.6 计算机病毒与防治
2.6.1 计算机病毒概述（Ⅰ）
2.6.2 计算机病毒分类（Ⅱ）
2.6.3 计算机病毒检测及防范（Ⅱ）
2.7 物理环境安全与容灾（Ⅰ）

3. 电子支付技术与系统
3.1 电子货币及其职能
3.1.1 电子货币的定义（Ⅰ）
3.1.2 电子货币的属性与职能（Ⅰ）
3.2 电子支付及清算模式
3.2.1 电子支付方式（Ⅱ）
- 信用卡电子支付方式

- 电子支票支付方式
- 电子现金支付方式

3.2.2 电子支付业务流程（Ⅱ）
3.2.3 电子支付工具（Ⅲ）
- 信用卡
- 电子支票
- 电子现金

3.2.4 资金清算（Ⅱ）

3.3 电子支付系统

3.3.1 电子支付系统的构成与分类（Ⅱ）
3.3.2 大额电子支付系统（Ⅱ）
3.3.3 小额电子支付系统（Ⅱ）
- ATM 系统下的银行卡支付
- POS 系统下银行卡支付
- 因特网条件下的电子支付系统

3.4 第三方支付模式

3.4.1 第三方支付的基本模式（Ⅲ）
3.4.2 第三方支付模式的应用（Ⅲ）
3.4.3 第三方支付的监管（Ⅱ）

3.5 电子支付的风险管理

3.5.1 支付系统的风险防范（Ⅱ）
- 信用风险防范
- 流动性风险防范
- 操作风险防范
- 法律风险防范
- 欺诈风险防范
- 系统风险防范

3.5.2 电子支付工具的风险（Ⅱ）
- 信用风险
- 欺诈风险
- 技术风险

3.5.3 电子支付监管（Ⅱ）

4. **电子商务物流与供应链管理**

    4.1 电子商务与物流

    4.1.1 物流及物流标准化（Ⅰ）

    4.1.2 电子商务物流（Ⅰ）

    4.2 物流系统与职能

    4.2.1 物流系统及基本职能（Ⅱ）

    4.2.2 运输（Ⅰ）

    4.2.3 仓储（Ⅰ）

    4.2.4 装卸搬运（Ⅰ）

    4.2.5 配送中心（Ⅰ）

    4.2.6 物流信息管理（Ⅱ）

    4.3 现代物流信息技术

    4.3.1 电子商务条件下物流技术发展（Ⅱ）

    4.3.2 电子商务物流的信息技术（Ⅱ）
    - 自动标识与数据采集技术
    - 条形码技术
    - 射频标识
    - 机器视觉技术

    4.3.3 其他主要物流信息技术（Ⅱ）
    - GPS 技术及应用
    - GIS 技术及应用
    - 控管技术及应用

         4.3.4 物联网技术的应用（Ⅱ）
    4.4 供应链及供应链管理
         4.4.1 供应链管理框架（Ⅱ）
         4.4.2 供应链的失调与协调（Ⅱ）
         4.4.3 供应链的平台化管理（Ⅱ）
         4.4.4 绿色供应链（Ⅱ）

5. **网络营销**
    5.1 网络营销概述
         5.1.1 网络营销的发展（Ⅰ）
         5.1.2 网络营销的含义（Ⅰ）
         5.1.3 网络营销的主要职能（Ⅲ）
             - 信息发布
             - 网上调研
             - 销售促进
             - 网站推广
             - 顾客服务
             - 品牌建设
             - 网上销售
             - 顾客关系
         5.1.4 网络营销系统（Ⅲ）
             - 网络营销系统的构成
             - 网络营销系统设计
    5.2 网络市场调研
         5.2.1 网络市场调研概述（Ⅰ）
             - 网络市场调研的含义
             - 网络市场调研的特点
             - 网络市场调研的缺点

- 5.2.2 网络市场调研原则（Ⅱ）
  - 网站设计具有吸引力
  - 在线调研问卷设计合理
  - 隐私保护声明
  - 降低样本分布不均衡的影响
  - 奖项设置合理
  - 采用多种网络市场调研手段
- 5.2.3 网络市场调研程序（Ⅲ）
  - 确定调研问题
  - 确定调研目标
  - 设计调研方案
  - 收集信息
  - 整理和分析信息
  - 撰写调研报告
- 5.2.4 网络市场调研方法（Ⅲ）
  - 网络市场直接调研方法
  - 网络市场间接调研方法

5.3 网络营销策略

- 5.3.1 网络产品策略（Ⅱ）
  - 网络营销中的产品
  - 网络营销的新产品策略
  - 网络营销品牌策略
- 5.3.2 网络营销价格策略（Ⅱ）
  - 网络营销定价的基本原则
  - 免费和收费定价策略
- 5.3.3 网络分销渠道策略（Ⅱ）
  - 网络分销渠道的定义和功能

- 网络分销渠道的类型
- 电子中间商
- 网络分销渠道策略

5.3.4 网络营销站点推广策略（Ⅱ）
- 搜索引擎推广
- 网络广告投放
- 发送电子邮件
- 电子杂志
- 发布新闻
- 网站合作推广

5.3.5 网络营销客户关系管理策略（Ⅱ）
- 客户关系管理的概念
- 网络客户关系管理策略的制定

5.4 网络广告

5.4.1 网络广告概述（Ⅰ）
- 网络广告的发展
- 网络广告的定义
- 网络广告的优缺点

5.4.2 网络广告的形式（Ⅱ）
- Web 站点广告
- 电子邮件广告
- 富媒体广告
- 植入式广告
- 原生广告

5.4.3 网络广告策略（Ⅱ）
- 网络广告定位策略
- 网络广告时间策略

- 网络广告导向策略
- 网络广告展现策略

5.4.4 网络广告的计价方法和效果评价（Ⅱ）
- 网络广告的计价方法
- 网络广告的效果评价

5.5 网络营销的主要方法

5.5.1 搜索引擎营销（Ⅱ）
- 搜索引擎基础
- 搜索引擎营销的定义
- 搜索引擎营销的任务
- 搜索引擎营销的目标层次
- 搜索引擎优化策略

5.5.2 病毒性营销（Ⅱ）
- 病毒性营销的定义
- 病毒性营销的特性
- 成功病毒性营销的基本要素
- 病毒性营销的实施步骤
- 实现病毒性营销的途径

5.5.3 网络社区营销（Ⅲ）
- 网络社区营销的定义
- 网络社区的分类
- 网络社区营销的优势
- 网络社区营销的缺陷和不足

5.5.4 移动营销（Ⅲ）
- 移动营销概述
- 微信营销
- LBS营销

- App 及 AR
- 5.5.5 博客营销与微博营销（Ⅲ）
  - 博客的定义和特点
  - 博客营销的价值
  - 博客营销的操作方式
  - 博客营销策略
  - 微博营销
- 5.5.6 E-mail 营销（Ⅱ）
  - E-mail 营销的定义
  - E-mail 营销的分类
  - E-mail 营销的基础条件与实施步骤

6. 电子商务系统程序设计基础

- 6.1 电子商务系统网络技术
  - 6.1.1 Internet 技术（Ⅰ）
  - 6.1.2 Internet 的 IP 地址及域名（Ⅱ）
  - 6.1.3 Internet 服务（Ⅱ）
    - WWW 服务
    - 电子邮件服务（E-mail Service）
    - 文件传输服务（FTP）
    - 远程登录服务（Telnet）
    - 新闻组服务（NewsGroup）
    - Intranet 技术
- 6.2 电子商务平台开发基础
  - 6.2.1 .NET 平台技术及其结构（Ⅲ）
  - 6.2.2 J2EE 平台技术及其结构（Ⅲ）
  - 6.2.3 移动端开发平台技术及其结构（Ⅲ）
- 6.3 Web 设计基础

6.3.1 HTML5 标记语言（Ⅲ）
6.3.2 CSS3 样式表（Ⅲ）
6.3.3 JavaScript（Ⅲ）
6.3.4 jQuery（Ⅱ）
6.3.5 AJAX（Ⅱ）
6.3.6 JSON（Ⅱ）
6.3.7 XML（Ⅱ）
6.3.8 数据库技术（Ⅱ）
- 数据库技术基本理论
- 数据仓库、联机分析处理和数据挖掘
- SQL 语言

6.4 电子商务系统平台配置
6.4.1 电子商务系统总体规划（Ⅱ）
6.4.2 电子商务网站的基本构件（Ⅱ）
6.4.3 电子商务网站的基本功能（Ⅱ）
6.4.4 系统平台的选择与配置（Ⅱ）
- PHP 平台的搭建
- .NET 平台的搭建
- Java 平台的搭建
- App 开发平台的搭建

7. 电子商务新技术与新应用
7.1 云计算
7.1.1 云计算相关概念（Ⅰ）
7.1.2 云计算技术（Ⅱ）
7.1.3 云计算产业体系（Ⅱ）
- 云计算服务业
- 云计算制造业

- 基础设施服务业
- 云计算支持产业

    7.1.4 云计算对电子商务的发展影响（Ⅲ）

7.2 大数据

    7.2.1 大数据相关概念（Ⅰ）

    7.2.2 大数据技术（Ⅱ）

    7.2.3 大数据产业体系（Ⅱ）
- 大数据解决方案提供商
- 大数据处理服务提供商
- 大数据资源提供商

    7.2.4 大数据对电子商务的发展影响（Ⅲ）

7.3 区块链

    7.3.1 区块链的概念和特征（Ⅰ）

    7.3.2 区块链的关键技术架构和发展趋势（Ⅱ）

    7.3.3 区块链产业体系（Ⅱ）
- 平台建设
- 区块链硬件制造和基础设施
- 区块链安全防护
- 区块链行业服务机构

    7.3.4 区块链对电子商务的发展影响（Ⅲ）

7.4 人工智能

    7.4.1 人工智能技术发展概述（Ⅰ）

    7.4.2 人工智能技术（Ⅱ）

    7.4.3 人工智能产业体系（Ⅱ）
- 智能基础设施
- 智能信息及数据
- 智能技术服务

- 智能产品

7.4.4 人工智能对电子商务的发展影响（Ⅲ）

8. 电子商务法律规范与伦理道德

8.1 电子商务法基本范畴

8.1.1 电子商务法的含义（Ⅰ）

8.1.2 电子商务法律主体（Ⅰ）

8.1.3 电子商务法律客体（Ⅰ）
- 物
- 行为
- 智力成果和无形财产

8.2 电子商务立法的现状

8.2.1 电子商务立法的主要内容（Ⅰ）

8.2.2 电子商务立法的基本情况（Ⅰ）

8.3 我国电子商务法的主要内容及解读

8.3.1 电子商务法的定位与体例、结构（Ⅰ）

8.3.2 电子商务法的适用范围和调整对象（Ⅱ）

8.3.3 电子商务法对电子商务经营者的规定（Ⅰ）

8.3.4 电子商务法的行业促进（Ⅰ）

8.4 跨境电子商务的法律规范

8.4.1 跨境电子商务的法律适用（Ⅱ）
- 电子商务法
- 跨境电子商务的相关法律
- 跨境电子商务中的国际贸易惯例

8.4.2 跟单信用证电子交单国际惯例（Ⅰ）
- eUCP 简介
- eUCP 的主要内容
- eUCP 的评价

  8.4.3 网络环境下的国际贸易术语（Ⅰ）
 8.5 电子商务中的伦理道德
  8.5.1 电子商务中的道德问题（Ⅰ）
  8.5.2 电子商务信用体系建设（Ⅱ）
  8.5.3 电子商务网络伦理体系的建立（Ⅱ）
- 宏观层面：政府规范+舆论监督
- 中观层面：行业自律
- 个体层面：自我约束
- 典型案例

9. 专业英语
- 掌握电子商务的基本词汇（Ⅱ）
- 阅读和正确理解电子商务领域的英文资料（Ⅱ）

考试科目2：电子商务系统分析与设计应用技术

1. **电子商务系统规划**
 1.1 电子商务应用系统的总体规划
  1.1.1 电子商务应用系统的生命周期和开发模型
- 生命周期（Ⅱ）
- 开发模型（Ⅰ）

  1.1.2 电子商务应用系统的规划内容与方法（Ⅱ）
  1.1.3 电子商务系统方案的确定（Ⅱ）
- 确定候选方案
- 分析候选方案
- 比较候选方案
- 修改项目计划

  1.1.4 电子商务系统规划的人员组成（Ⅰ）

1.2 电子商务系统的可行性分析
    1.2.1 信息收集的方法（Ⅱ）
    1.2.2 可行性分析（Ⅲ）
- 运行可行性
- 技术可行性
- 经济可行性
- 社会环境可行性

    1.2.3 可行性研究的步骤（Ⅱ）
    1.2.4 数据流图（Ⅱ）
    1.2.5 数据字典（Ⅱ）

1.3 电子商务系统需求分析
    1.3.1 需求分析的任务与原则（Ⅱ）
    1.3.2 需求获取的方法（Ⅲ）
    1.3.3 系统分析与建模（Ⅱ）
    1.3.4 数据模型（Ⅲ）
- 数据模型的基本概念
- 数据模型的三要素
- E-R 模型
- 层次模型

    1.3.5 需求分析图形工具（Ⅲ）
- 层次方框图
- Warnier 图
- IPO 图

    1.3.6 系统方案的制订、评价和改进（Ⅱ）

1.4 电子商务系统设计
    1.4.1 电子商务系统设计的概念与目标（Ⅱ）
    1.4.2 电子商务系统的组成与功能（Ⅱ）

1.4.3 电子商务系统设计的相关技术（Ⅱ）
- 中间件
- 企业应用集成
- Web 服务
- 工作流

2. 电子商务系统建设
2.1 B/S 结构程序设计
2.1.1 Web 编程技术概述（Ⅲ）
- JSP（Java Server Pages）
- J2EE/Java EE
- PHP（Hypertext Preprocessor）
- ASP.NET

2.1.2 ASP.NET 概述（Ⅰ）
2.1.3 ASP.NET 控件（Ⅰ）
2.1.4 ASP.NET 的内置对象（Ⅱ）
- Page 对象
- Request 传递请求对象
- Response 请求响应对象
- Application 状态对象
- Session 状态对象
- Server 服务对象
- Cookie 状态对象

2.1.5 ADO.NET 数据库访问技术（Ⅱ）
- ADO.NET 的作用与组成
- ADO.NET 使用过程
- 连接 SQL 数据库
- DataSet 数据集

- DataAdapter 适配器对象
- DataView 数据视图对象
- Command 执行对象
- DataReader 数据访问对象

2.1.6 数据绑定控件（Ⅱ）
- 网格视图控件（GridView）
- 重复列表控件（Repeater）
- 数据列表控件（DataList）
- 表单视图控件（FormView）
- 详细视图控件（DetailsView）

2.1.7 Web App 开发（Ⅱ）

2.2 电子商务系统框架设计

2.2.1 电子商务系统开发常用数据库的设计（Ⅱ）

2.2.2 ASP.NET 母版页（Ⅱ）

2.2.3 ASP.NET 站点导航（Ⅱ）

2.2.4 Web 系统的三层结构（Ⅱ）

2.2.5 App 前端框架（Ⅱ）

2.3 电子商务系统组件设计

2.3.1 用户登录（Ⅰ）

2.3.2 购物车设计（Ⅰ）

2.3.3 搜索设计（Ⅰ）

2.3.4 添加模块设计（Ⅰ）

2.3.5 修改模块设计（Ⅰ）

2.3.6 删除模块设计（Ⅰ）

2.3.7 App 扫码设计（Ⅰ）

2.4 电子商务系统安全设计

2.4.1 电子商务系统安全威胁（Ⅰ）

2.4.2 安全措施设计（Ⅱ）
  - 用户密码加密
  - 验证码
  - 防止 SQL 注入攻击
  - 安全脚本设计

3. **电子商务系统测试**
  3.1 软件测试的基本概念（Ⅰ）
  3.2 软件测试文档（Ⅰ）
  3.3 准备测试环境（Ⅰ）
  3.4 软件测试的基本方法
   3.4.1 静态测试（Ⅱ）
   - 人工测试方法
   - 计算机辅助静态分析
   - 程序正确性证明
   3.4.2 动态测试（Ⅱ）
   3.4.3 白盒测试（Ⅲ）
   - 逻辑覆盖法
   - 基本路径测试法
   3.4.4 黑盒测试（Ⅲ）
   - 等价类划分
   - 边界值分析
   - 决策表
   - 元素分析法与错误推测法
  3.5 软件测试阶段
   3.5.1 单元测试（Ⅱ）
   3.5.2 集成测试（Ⅱ）
   3.5.3 确认测试（Ⅱ）

3.5.4 系统测试（III）
- 负载测试
- 压力测试
- 可靠性测试
- 安全性测试
- 兼容性/配置测试
- 容错性测试
- 可用性测试
- 文档测试

3.5.5 验收测试（II）

3.5.6 回归测试（II）

3.6 基于 Web 的系统测试方式

3.6.1 用户界面测试（II）

3.6.2 功能测试（III）
- 链接测试
- Cookies 测试
- 表单测试
- 交易功能测试

3.6.3 数据库测试（II）

3.6.4 Web 安全性测试（II）

3.6.5 安装测试（II）

3.7 测试工具

3.7.1 白盒测试工具（III）

3.7.2 黑盒测试工具（III）

3.7.3 测试管理工具（III）
- SQA Suite
- PureAtria

- e-Test Suite

4. **电子商务系统的运维与评价**
    4.1 电子商务系统的运行与维护
        4.1.1 运行管理的内容、方法和策略（Ⅱ）
        4.1.2 系统维护的要求与常用方法（Ⅱ）
    4.2 电子商务系统的发布与推广
        4.2.1 电子商务系统发布（Ⅱ）
        4.2.2 电子商务系统推广（Ⅱ）
            - 搜索引擎推广
            - 网络广告投放推广
            - 发布新闻组
            - 网站合作推广
    4.3 电子商务系统日常运行管理
        4.3.1 电子商务系统运行情况的分析（Ⅱ）
        4.3.2 电子商务系统安全运行的监控与分析（Ⅱ）
        4.3.3 数据备份与恢复（Ⅱ）
    4.4 电子商务系统的评价（Ⅱ）
    4.5 电子商务信息处理
        4.5.1 电子商务信息采集、处理与分析（Ⅱ）
        4.5.2 客户信息管理（Ⅰ）
        4.5.3 网上单证管理（Ⅱ）
            - 网上单证格式
            - 单证流程设计
            - 单证处理
        4.5.4 网络促销策划（Ⅰ）

5. **电子商务项目控制与优化**
    5.1 电子商务项目

  5.1.1 电子商务项目管理（Ⅰ）
  5.1.2 电子商务项目管理的内容（Ⅱ）
  5.1.3 电子商务项目计划的制订（Ⅱ）
 5.2 电子商务项目进度计划与控制
  5.2.1 项目计划及控制概述（Ⅱ）
  5.2.2 项目进度计划与工具（Ⅲ）
  5.2.3 项目控制方法（Ⅲ）
- 甘特图
- 网络图
- 关键线路法

  5.2.4 进度控制（Ⅱ）
 5.3 网络计划调整与优化
  5.3.1 进度控制及计划优化（Ⅲ）
- 时间成本平衡法
- 时间优化法

  5.3.2 资源计划及均衡（Ⅱ）
 5.4 电子商务项目费用和风险管理
  5.4.1 费用计划与控制概述（Ⅱ）
  5.4.2 风险管理概述（Ⅱ）

6. 电子商务案例分析
 6.1 网络营销案例分析（Ⅱ）
 6.2 电子支付案例分析（Ⅲ）
 6.3 协同商务案例分析（Ⅱ）
 6.4 商务模式案例分析（Ⅲ）
 6.5 电子商务综合案例分析（Ⅱ）

三、题 型 举 例

考试科目1：电子商务系统基础知识（样题）

1. 在 Excel 的 A1 单元格中输入公式 "=ROUND(14.9, 0)"，按回车键后，A1 单元格中的值为__(1)__。

(1) A. 10   B. 14.9
     C. 13.9   D. 15

2. 计算机系统中，CPU 对主存的访问方式属于__(2)__。

(2) A. 随机存取   B. 顺序存取
     C. 索引存取   D. 哈希存取

3. 以下关于磁盘碎片整理程序的描述中，正确的是__(3)__。

(3) A. 磁盘碎片整理程序的作用是延长磁盘的使用寿命
     B. 用磁盘碎片整理程序可以修复磁盘中的坏扇区，使其可以重新使用
     C. 用磁盘碎片整理程序可以对内存进行碎片整理，以提高访问内存速度
     D. 用磁盘碎片整理程序对磁盘进行碎片整理，以提高磁盘访问速度

4. 以数字表示的声音在时间上是离散的，而模拟声音在时间上是连续的。要把模拟声音转换为数字声音，就需在某些特定的时刻获取模拟声音，该过程称为__(4)__。

(4) A. 采样   B. 量化
     C. 编码   D. 模/数转换

5. 以下说法中,错误的是__(5)__。
   (5) A. 张某和王某合作完成一款软件,他们可以约定申请专利的权利只属于张某
       B. 张某和王某共同完成了一项发明创造,在没有约定的情况下,如果张某要对其单独申请专利就必须征得王某的同意
       C. 张某临时借调到某软件公司工作,在执行该公司交付的任务的过程中,张某完成的发明创造属于职务发明
       D. 甲委托乙开发了一款软件,在没有约定的情况下,由于甲提供了全部的资金和设备,因此该软件著作权属于甲

6. VLAN 的主要作用不包括__(6)__。
   (6) A. 加强网络安全　　　B. 抑制广播风暴
       C. 简化网络管理　　　D. 查杀病毒

7. 以用户为中心的软件设计原则不包括__(7)__。
   (7) A. 因为客户是上帝,所以客户的需求是天然合理的
       B. 用户不仅需要软件功能,还需要良好的使用体验
       C. 要求用户输入信息时尽量提供选项
       D. 用户最常用的按钮应放在最明显处

8. 以下关于人工智能(AI)的叙述中,__(8)__并不正确。
   (8) A. AI 不仅是基于大数据的系统,更是具有学习能力的系统
       B. 现在流行的人脸识别和语音识别是典型的人工智能应用
       C. AI 技术的重点是让计算机系统更简单

D. AI 有助于企业更好地进行管理和决策

9. 云计算的基础是虚拟化。以下关于虚拟化的叙述中，__(9)__ 并不正确。

(9) A. 虚拟化平台旨在提高系统利用率，并通过动态调度实现弹性计算

B. 将一台服务器虚拟成多台（分割式虚拟化），旨在提高资源利用率

C. 将多台服务器虚拟成一台的集群技术，旨在解决计算机能力不足问题

D. 构件、对象、数据和应用的虚拟化旨在解决诸多信息孤岛的整合问题

10. 曾有人将圆周率 π 小数点后的百万位数字依次排列编成刊物出版作为随机数表使用，每页 100 行，每行 100 位，共 100 页。那么，π 小数点后第 12345 位数字应在该书的 __(10)__ 。

(10) A. 第 1 页第 23 行　　B. 第 2 页第 23 行
　　C. 第 2 页第 24 行　　D. 第 12 页第 3 行

11. 某航空公司拟开发一个机票预订系统。旅客使用信用卡付款预订机票，付款通过信用卡公司的信用卡管理系统提供的接口实现。现拟用数据流图建立需求模型，则信用卡管理系统是 __(11)__ 。

(11) A. 外部实体　　　　B. 加工
　　C. 数据流　　　　　D. 数据存储

12. 以下叙述中，__(12)__ 不是一个风险。

(12) A. 由另一个小组开发的子系统可能推迟交付，导致系统不能按时交付

B. 客户不清楚想要开发什么样的软件，因此开发小组开发原型帮助其确定需求

C. 开发团队可能没有正确理解客户的需求
D. 开发团队核心成员可能在系统开发过程中离职

13. 某计算机系统中互斥资源 R 的可用数为 8，系统中有 3 个进程 P1、P2 和 P3 竞争 R，且每个进程都需要 i 个 R，该系统可能会发生死锁的最小 i 值为__(13)__。

(13) A. 1　　B. 2　　C. 3　　D. 4

14. 某企业拟开发一个企业信息管理系统，系统功能与多个部门的业务相关。现希望该系统能够尽快投入使用，系统功能可以在使用过程中不断改善，则最适宜采用的软件过程模型为__(14)__。

(14) A. 瀑布模型　　　　B. 原型化模型
　　 C. 演化（迭代）模型　D. 螺旋模型

15. 在某销售系统中，客户采用扫描二维码进行支付。若采用面向对象方法开发该销售系统，则客户类属于__(15)__类，二维码类属于__(16)__类。

(15) A. 接口　　　　B. 实体
　　 C. 控制　　　　D. 状态
(16) A. 接口　　　　B. 实体
　　 C. 控制　　　　D. 状态

16. 数据库系统中的视图、存储文件和基本表分别对应数据库系统结构中的__(17)__。

(17) A. 模式、内模式和外模式
　　 B. 外模式、模式和内模式
　　 C. 模式、外模式和内模式
　　 D. 外模式、内模式和模式

17. 一个网络节点数是 100，假设网络价值系数为 2，根据麦特卡夫定律，该网络价值是__(18)__。

(18) A. 10000　　　　　　B. 40000
　　 C. 20000　　　　　　D. 5000

18. EDI 的工作内容包含以下几项：
　　① 生成平面文件　　　② 信息编辑
　　③ 传送给对方用户　　④ 生成 EDI 标准

格式文件正确的工作流程是__(19)__。

(19) A. ②→①→④→③
　　 B. ②→①→③→④
　　 C. ①→②→④→③
　　 D. ①→③→④→②

19. 下列__(20)__属于电子商务的系统架构中电子商务应用层的内容。

(20) A. 网上购物　　　　B. EDI
　　 C. 网络银行　　　　D. 目录服务

20. 网络商务信息处理分为信息存储、信息整理和信息加工三个阶段，__(21)__不属于信息整理的内容。

(21) A. 信息鉴别　　　　B. 信息形式变换
　　 C. 信息分类　　　　D. 信息筛选

21.《关于积极推进"互联网+"行动的指导意见》中，"互联网+"电子商务的主要内容不包括__(22)__。

(22) A. 发展农村电子商务　B. 发展行业电子商务
　　 C. 发展智能制造　　　D. 电子商务应用创新

22. BI（Business Intelligence）是通过运用基于事实的支持系统来辅助制定商业决策，BI 的主要功能不包括__(23)__。

(23) A. 数据使用方法论创建

B．数据的抽取、转换和加载
C．数据统计输出
D．数据存储和访问

23．设职工关系模型 Emp（工号，姓名，性别，部门）的主码是工号，工资关系模型 SL（工号，月份，工资）的主码为（工号，月份），若关系模型 R（工号，姓名，性别，部门，月份，工资）的主码为（工号，月份），则 R 满足 __(24)__ 。

(24) A．1NF　　　　　　B．2NF
　　　C．3NF　　　　　　D．BCNF

24．TCP 协议工作在 OSI 参考模型中的 __(25)__ 。

(25) A．物理层　　　　　B．传输层
　　　C．应用层　　　　　D．网络层

25．中继器的主要作用是 __(26)__ 。

(26) A．连接两个局域网　　B．路由选择
　　　C．延长网络传输距离　D．数据交换

26．以下不属于数据链路层功能的是 __(27)__ 。

(27) A．流量控制　　　　B．差错控制
　　　C．帧同步　　　　　D．路由选择

27．在一个 C 类网络中，有一台主机的 IP 地址为 192.168.1.204，已知该主机所在网络是将一个 C 类 IP 划分成了 4 个子网，则该 IP 的网络号为 __(28)__，主机号为 __(29)__。

(28) A．192.168.1.0　　　B．255.255.255.0
　　　C．192.168.1.192　　D．192.168.1.224
(29) A．12　　　　　　　B．204
　　　C．192　　　　　　D．1

28．电子商务安全体系中不包括 __(30)__ 。

(30) A．交易协议层　　　B．网络服务层
　　　C．信息发布与传输层 D．加密技术层

29. (31)是标识网络用户身份的电子文档,该文档中包含了用户的基本数据信息及公钥信息、颁发证书的 CA 的相关信息。

(31) A. 电子钱包　　　　B. 数字证书
　　　C. 数字签名　　　　D. 数字信封

30. 在 DES 算法中,加密和解密使用 (32) 的密钥。

(32) A. 相同　　　　　　B. 不同
　　　C. 公开　　　　　　D. 私人

31. 在数字信封技术中,发放方用 (33) 对对称密钥加密。

(33) A. 接收方的公钥　　B. 发送方的私钥
　　　C. 发送方的公钥　　D. 接收方的私钥

32. 在 ATM(Automatic Teller Machine)机上使用银行卡交易时,采用 (34) 身份认证方式。

(34) A. 单因素　　　　　B. 双因素
　　　C. 多因素　　　　　D. 无需认证

33. 著名的"黑色星期五"病毒在每月固定的时间才发作,这体现了计算机病毒的 (35) 特征。

(35) A. 传染性　　　　　B. 破坏性
　　　C. 非授权性　　　　D. 潜伏性

34. 数据备份时,需要关闭数据库才能进行文件备份的方式属于 (36) 。

(36) A. 冷备份　　　　　B. 热备份
　　　C. 联机备份　　　　D. 实时备份

35. 以下不属于防火墙功能的是 (37) 。

(37) A. 控制对特殊站点的访问
　　　B. 防范病毒

C．记录和统计网络用户的访问信息
D．保护易受攻击的服务

36．以下关于电子现金描述错误的 (38) 。
（38）A．电子现金是以数字化形式存在的货币
B．电子现金需与银行连接后才可使用
C．电子现金具有不可伪造性
D．电子现金可以由支付者直接控制和使用

37．信用卡的支付方式不包括 (39) 。
（39）A．账号直接传输方式　B．专用账号方式
C．专用协议方式　　　D．IMAP 协议方式

38．在电子现金支付方式中，银行通过 (40) 来确认该现金身份的合法性。
（40）A．数字签名　　　　B．数字证书
C．数字摘要　　　　D．数字信封

39．以下对POS系统下的银行支付描述错误的是 (41) 。
（41）A．POS 机的工作方式主要包含直接转账、脱机授权和联机授权
B．POS 机设备由主控设备、客户密码键盘、票据打印机三部分组成
C．在POS系统中，POS 机主要负责交易信息的采集
D．POS 机的联机方式中，直联 POS 方式直接连接到发卡中心

40．在B2C交易过程中，对第三方支付平台描述错误的是 (42) 。
（42）A．第三方支付平台收到货款后，通知商家按时发货
B．消费者确认收到货物后，第三方支付平台

将货款转入商家账户

C．交易过程中，第三方支付平台要记录双方交易的具体内容

D．第三方支付平台收到商家退货确认信息后，将退款划回消费者账户

41．企业建立物流信息系统的最终目的是 (43) 。

(43) A．提高企业的核心竞争力

B．为各级物流人员提供信息

C．信息传播

D．信息储存

42．供应链管理框架由三个相互紧密联系的要素构成，其中 (44) 是为客户产生价值输出的活动。

(44) A．供应链的结构

B．供应链管理的组成要素

C．供应链的业务流程

D．供应链协调

43．配送是以 (45) 为依据，在物流中心进行分货、配货工作，并将配好的货物送交收货人的过程。

(45) A．订单时间先后　　B．用户要求

C．路线远近　　　　D．配送中心

44．射频标识技术现已成为数据采集、标识和分析的主要工具，它具有非接触、抗干扰能力强、 (46) 、阅读速度快等优点。

(46) A．工作距离短　　B．精度高

C．标准兼容性强　　D．人工干预少

45．网站设计中，以下 (47) 属于常见的对搜索引擎友好的表现。

(47) A．URL动态参数多且复杂

B．网站运用富媒体形式展示企业形象
C．标题中包含有效的关键词
D．没有其他网站提供链接

46．在服务营销中，服务产品质量难以实施标准化源于服务特性中的 (48) 。

(48) A．无形性 B．不可储存性
　　 C．差异性 D．不可分离性

47．企业管理信息系统是具有网络营销功能的电子商务系统的基础，在企业管理信息系统内部不同组织层次中， (49) 系统负责支持日常管理人员对基本活动和交易进行跟踪和记录。

(49) A．操作层 B．知识层
　　 C．管理层 D．策略层

48．以下不属于网络营销职能的是 (50) 。

(50) A．物流配送 B．信息发布
　　 C．网上调研 D．顾客服务

49．以下属于网络品牌运用策略的是 (51) 。

(51) A．使用现有品牌 B．创立新品牌
　　 C．联合品牌 D．创建网上用户社区

50．在互联网上利用用户口碑快速传播信息的方式被称为 (52) 。

(52) A．即时信息 B．社会化营销
　　 C．病毒性营销 D．群发信息

51．企业开展搜索引擎营销的最高层次目标是 (53) 。

(53) A．企业网站/网页被搜索引擎收录
　　 B．企业信息在搜索结果中排名靠前
　　 C．增加用户的点击率
　　 D．将浏览者转化为顾客

52. 企业实施微博营销首先应__(54)__。

(54) A. 规划微博营销
　　 B. 注册专属的企业微博
　　 C. 寻找消费者，建立粉丝群
　　 D. 投放广告和搜索工具

53. 设计 E-mail 营销内容时，__(55)__直接影响到 E-mail 营销的开信率，同时也体现了 E-mail 营销的专业水平。

(55) A. 发件人　　　　　　B. 邮件主题
　　 C. 邮件正文　　　　　D. 附加信息

54. 一般采用__(56)__语言编写.NET 项目的配置文件。

(56) A. VB　　B. C#　　C. XML　　D. HTML

55. 常见的 Java EE 框架中，不包括__(57)__。

(57) A. Struts2.x　　　　　B. Spring
　　 C. Hibernate　　　　　D. MVC

56. 要将 div 的外边距设置为："上边距：10px，下边距：10px，左边距：40px，右边距：40px"，正确的 CSS 语句是__(58)__。

(58) A. margin:10px 10px 40px 10px
　　 B. padding: 10px 40px 10px 40px
　　 C. margin:10px 40px
　　 D. margin-top:20px 30px 40px 50px

57. 在 HTML 页面中需要创建一个图像链接，图像文件名为 education.jpg，且与网页文件位于同一目录，目标网址为 http://www.moe.gov.cn，则创建该图像链接正确的 HTML 代码是__(59)__。

(59) A. <ahref="http://www.moe.gov.cn">education.
　　　　　jpg </a>

B. <ahref="http://www.moe.gov.cn"><img src="education.jpg"></img>

C. <img src="education.jpg"><a href="http://www.moe.gov.cn "></a>

D. <a href="http://www.moe.gov.cn" ><img src="education.jpg"></a>

58. 在 HTML 页面中需要链入外部样式表，样式表文件名 mystyle.css，且与网页文件位于同一目录，则正确链入该样式表的代码是 (60) 。

(60) A. <script type="text/css" src="mystyle.css" >

B. <link type="text/css" rel="stylesheet" href="mystyle.css">

C. <link type="text/css" rel="stylesheet" src=" mystyle.css">

D. @import url("mystyle.css");

59. 在 JavaScript 中要改变页面文档的背景色，需要修改 document 对象的 (61) 属性。

(61) A. BackColor　　　B. BackgroundColor
C. BgColor　　　　D. Background

60. 在 HTML 页面中包含图片 <img id="mypic" src="mypic.jpg">，假设图片地址正确，则实现隐藏该图片功能的代码是 (62) 。

(62) A. document.getElementById("mypic").style. display ="visible"

B. document.getElementById("mypic").style. display="disvisible"

C. document.getElementById("mypic").style. display="block"

D．document.getElementById("mypic").style.display="none"

61．常见电子商务网站构件中，可以将网站信息发布给用户的是__(63)__。

　　(63) A．目录服务器　　　B．邮件和消息服务器
　　　　　C．安全服务器　　　D．网站服务器

62．共享单车是一个典型的"物联网+云计算+互联网"应用，应用中的数据主要包括单车数据和用户数据，这些数据属于__(64)__。

　　(64) A．IaaS　　　　　　B．PaaS
　　　　　C．SaaS　　　　　　D．SOA

63．智慧交通是一种典型的大数据技术应用，实时道路交通情况查看功能最能体现大数据的__(65)__特征。

　　(65) A．数据量巨大　　　B．数据类型繁多
　　　　　C．价值密度低　　　D．时效性高

64．电子商务主体有权决定是否交易，和谁交易以及如何交易，任何单位和个人利用强迫、利诱等手段进行违背当事人真实意原的交易活动都是无效的，这体现了电子商务立法遵循的__(66)__。

　　(66) A．保护消费者正当权益的原则
　　　　　B．交易自治原则
　　　　　C．证据平等原则
　　　　　D．中立原则

65．根据《中华人民共和国电子签名法》对数据电文接收时间、地点的规定，以下说法不正确的是__(67)__。

　　(67) A．数据电文进入收件人指定特定接收系统的时间为接收时间

B．数据电文最后一次进入收件人任意系统的时间为接收时间

C．一般情况下，数据电文应以收件人的主营业地为接收地点

D．没有主营业地的，数据电文则以常居住地为接收地点

66．设计电子商务网站第一步要完成的工作是 (68) 。

(68) A．建立网站原型　　B．设计网站内容

C．设计网站功能　　D．网站需求分析

67．在采用结构化方法进行系统分析时，根据分解与抽象的原则，按照系统中数据处理的流程，用 (69) 来建立系统的逻辑模型，从而完成分析工作。

(69) A．E-R 图　　　　B．数据流图

C．程序流程图　　D．软件体系结构图

68．关键成功因素法（CSF）包含 4 个步骤：①识别关键成功因素，②了解企业目标，③识别测量性能的数据，④识别性能指标和标准。其正确的顺序为 (70) 。

(70) A．①②③④　　B．①④②③

C．②①④③　　D．②④③①

69．Many people view the term "electronic commerce" (or e-commerce) as shopping on the part of the Internet called the (71) . However, electronic commerce also covers many other activities, such as businesses trading with other businesses and internal processes that companies use to support the buying, selling, hiring, planning and other activities. Some people use the term electronic business (or e-business) when they are talking about electronic commerce in this broader sense.

For example, IBM defines electronic business as "the transformation of key business processes through the use of Internet technologies." Most people use the terms "electronic commerce" and "__(72)__" interchangeably. Herein, the term electronic commerce is used in its broadest sense and includes all business activities using __(73)__.

Some people categorize electronic commerce by types of entities participating in the transactions or business processes. The five general electronic commerce categories are business-to-consumer, business-to-business, business processes, consumer-to-consumer, and business-to-government, among which the following three are most commonly used:

(1) Consumer shopping on the Web, often called business-to-consumer (or B2C)

(2) Transactions conducted between businesses on the Web, often called business-to-business (or B2B)

(3) Transactions and __(74)__ in which companies, governments, and other organizations use Internet technologies to support selling and purchasing activities.

To understand these categories better, consider a company that manufactures stereo speakers. The company might sell its finished product to consumers on the Web, which would be B2C electronic commerce. It might also purchase the materials it uses to make the speakers from other companies on the Web, which would be B2B electronic commerce. Businesses often have entire departments devoted to negotiating purchase transactions with their suppliers. These departments are usually named supply management or procurement. Thus, B2B electronic commerce is sometimes called ___(75)___.

(71) A. World Wide Web　　　　B. Web page
　　　C. Internet　　　　　　　D. Intranet
(72) A. electronic wallet　　　　B. e-procurement
　　　C. electronic business　　 D. e-shopping
(73) A. Internet technologies　　 B. GPS
　　　C. Online banking　　　　D. EDI
(74) A. business-to-business
　　　B. business processes
　　　C. consumer-to-consumer
　　　D. business-to-government
(75) A. e-cash　　　　　　　　B. e-procurement
　　　C. e-business　　　　　　D. e-commerce

考试科目2：电子商务系统分析与设计应用技术（样题）

试题一（共15分）

阅读下列说明和图，回答问题1至问题4，将解答填入答题纸的对应栏内。

【说明】

某公司欲开发招聘系统以提高招聘效率，其主要功能如下：

（1）接受申请。

验证应聘者所提供的自身信息是否完整，是否说明了应聘职位，受理验证合格的申请，给应聘者发送致谢信息。

（2）评估应聘者。

根据部门经理设置的职位要求，审查已经受理的申请；

对未被录用的应聘者进行谢绝处理,将未被录用的应聘者信息存入未录用的应聘者表,并给其发送谢绝决策;对录用的应聘者进行职位安排评价,将评价结果存入评价结果表,并给其发送录用决策,发送录用职位和录用者信息给工资系统。

现采用结构化方法对招聘系统进行分析与设计,获得如图 1-1 所示的顶层数据流图、图 1-2 所示的 0 层数据流图和图 1-3 所示的 1 层数据流图。

【问题1】(3分)

使用说明中的术语,给出图中 E1~E3 所对应的实体名称。

【问题2】(2分)

使用说明中的术语,给出图中 D1~D2 所对应的数据存储名称。

【问题3】(6分)

使用说明和图中的术语,给出图 1-3 中加工 P1~P3 的名称。

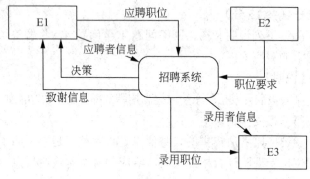

图 1-1 顶层数据流图

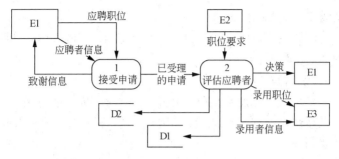

图 1-2　0 层数据流图

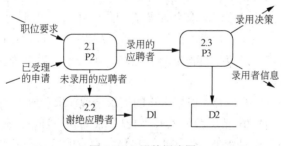

图 1-3　1 层数据流图

【问题 4】（4 分）

解释说明图 1-2 和图 1-3 是否保持平衡，若不平衡请按如下格式补充图 1-3 中数据流的名称以及数据流的起点或终点，使其平衡（使用说明中的术语或图中符号）。

数据流名称	起　点	终　点

试题二（共 15 分）

阅读下列说明，回答问题 1 至问题 4，将解答填入答题纸的对应栏内。

【说明】

某房产中介连锁企业欲开发一个基于 Web 的房屋中介信息系统，以有效管理房源和客户，提高成交率。该系统的主要功能是：

（1）房源采集与管理。系统自动采集外部网站的潜在房源信息，保存为潜在房源。由经纪人联系确认的潜在房源变为房源，并添加出售/出租房源的客户。由经纪人或客户登记的出售/出租房源，系统将其保存为房源。房源信息包括基本情况、配套设施、交易类型、委托方式、业主等。经纪人可以对房源进行更新等管理操作。

（2）客户管理。求租/求购客户进行注册、更新，推送客户需求给经纪人，或由经纪人对求租/求购客户进行登记、更新。客户信息包括身份证号、姓名、手机号、需求情况、委托方式等。

（3）房源推荐。根据客户的需求情况（求购/求租需求情况以及出售/出租房源信息），向已登录的客户推荐房源。

（4）交易管理。经纪人对租售客户双方进行交易信息管理，包括订单提交和取消，设置收取中介费比例。财务人员收取中介费之后，表示该订单已完成，系统更新订单状态和房源状态，向客户和经纪人发送交易反馈。

（5）信息查询。客户根据自身查询需求查询房屋供需信息。

现采用结构化方法对房屋中介信息系统进行分析与设计，获得如图 2-1 所示的上下文数据流图和图 2-2 所示的 0 层数据流图。

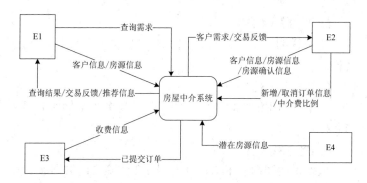

图 2-1 上下文数据流图

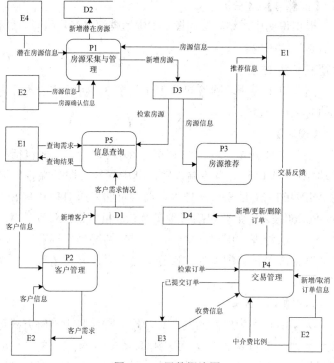

图 2-2 0层数据流图

【问题 1】(4 分)

使用说明中的词语,给出图 2-1 中的实体 E1～E4 的名称。

【问题 2】(4 分)

使用说明中的词语,给出图 2-2 中的数据存储 D1～D4 的名称。

【问题 3】(3 分)

根据说明和图中术语,补充图 2-2 中缺失的数据流及其起点和终点。

【问题 4】(4 分)

根据说明中术语,给出图 2-1 中数据流"客户信息""房源信息"的组成。

试题三(共 15 分)

阅读以下说明,回答问题 1 至问题 3,将解答填入答题纸的对应栏内。

【说明】

某公司要开发一套网络共享(租用)平台,主要包括移动端 APP 和管理员服务端程序,其中管理员服务端程序采用 ASP.NET+SQL Server 技术,前端页面采用 HTML+CSS+JavaScript 技术,主要包括管理员登录、租借记录管理、用户管理、物品管理、用户计费管理、异常情况处理等功能。项目团队某成员被分配设计实现管理员登录及异常情况查看功能部分。

【问题 1】(5 分)

为了防止人为对网站的恶意攻击(程序暴力破解方式进行不断地登录和灌水等),可采用 JavaScript 验证码技术,验证码是将一串随机产生的数字或符号生成一个不能复制的网页元素（图片、按钮等），并加入一些干扰因素防止 OCR。假设在页面加载时就要生成验证码，且验证码长度为 4 位，验证码由数字及字母组成，生成验证码的网页元素是一个 ID 为"myCheck"的 Button。根据题目描述，完成以下程序。

```
var validateCode ;
window. (1)  = function createValidate (){
    validateCode = "";
    var codeLength =  (2) ;
    var validateElement = document.getElementById(" (3) ");
    var characters= new Array(0,1,2,3,4,5,6,7,8,9,'A','B','C','D','E','F','G','H','I','J',
    'K','L','M','N','O','P','Q','R','S','T','U','V','W','X','Y','Z');
    for(var i = 0; i <  (4) ; i++) {
        var index = Math.floor(Math.random()*36);
        validateCode += characters[ (5) ];
    }
    validateElement.value = validateCode;
}
```

【问题 2】(4 分)

在 ASP.NET 连接 SQL Server 数据库时，一般是要将连接字符串写到项目的 Web.config 文件中。假设要连接的 SQL Server 数据库服务器的 IP 地址为"192.168.2.41"，服务器的身份认证采用 SQL Server 与 Windows 混合验证模式，数据库名为"RentDB"，数据库的登录用户名为"sa"，密码为"@11233",在 Web.config 文件的<configuration>标记中设置数据库连接程序。根据题目描述，完成以下程序。

```
< (6) >
<add name="sqlconstr" (7)="server=(8);database=
(9);UID=sa;PWD=@11233" />
</(6)>
```

【问题 3】（6 分）

以下程序实现用户异常情况查看，通过问题 2 的配置文件获取连接字符串，数据库中用户表(users)、租用记录表(rents)结构如表 3-1、表 3-2 所示。用户异常情况查看页面中包括用户名文本框（ID 为 txtusername）、数据绑定控件 GridView（ID 为 gvRents）等。为了显示效果直观，给每个字段设置对应的中文别名，通过 users 和 rents 表联合查询（根据 userid 字段关联），查询的用户名由页面文本框输入，异常情况指 rents 表中 rentStatus 属性值为"异常"的记录，采用 SQL 参数化方式实现数据库查询。根据题目描述，完成以下程序。

表 3-1　users 表结构

字段名	数据类型	说明
userid	nchar(20)	用户编号，主键
userName	nchar(20)	姓名
sex	char(10)	性别
birthday	smalldatetime	生日
phone	char(20)	手机号

表 3-2　rents 表结构

字段名	数据类型	说明
rentid	nchar(20)	租用编号，主键
userid	nchar(20)	用户编号，外键
goodsid	nchar(20)	物品编号，外键
beginTime	datetime	起始时间
endTime	datetime	结束时间
expenses	float	费用
rentStatus	nchar(10)	状态

```
public void BindData()
{
    string constr = ConfigurationManager.ConnectionStrings[" (10) "].ConnectionString;
    SqlConnection con = new SqlConnection(constr);
    StringBuilder sql = new StringBuilder();
    sql.Append("select userName 用户名,goodsID 物品编号,begintime 起始时间,endtime 结束时间, (11) 费用,rentStatus 状态 from rents ");
    sql.Append(" INNER JOIN (12) ON rents.userid = users.userid where rentStatus=' (13) ' ");
    SqlDataAdapter da = new SqlDataAdapter(sql.ToString(), con);
    if (this.txtusername.Text != "")
    {
        sql.Append(" and username=@username");
        SqlParameter p = new SqlParameter(" (14) ", this.txtusername.Text);
        da = new SqlDataAdapter(sql.ToString(), con);
        da.SelectCommand.Parameters.Add(p);
    }
    DataSet ds = new DataSet();
    da.Fill(ds);
    this.gvRents. (15) = ds.Tables[0];
    this.gvRents.DataBind();
}
```

试题四（共 15 分）

阅读以下说明，回答问题 1 至问题 4，将解答填入答题纸的对应栏内。

【说明】

在开发某大型电子商务系统的过程中,为保证项目的开发质量,需要进行软件测试,某测试员被分配完成人事管理模块及某函数的测试任务。

【问题1】(4分)

在人事管理模块中,对加班员工奖励制度:

(1)年薪制:月加班超过15小时(包括15小时),奖励月薪资的2%;少于15小时,奖励月薪资的1%。

(2)非年薪制:月加班超过15小时(包括15小时),奖励月薪资的2.5%;少于15小时,奖励月薪资的2%。

测试该功能模块的决策表如表4-1所示,其中C1:年薪制;C2:超过15小时(包括15小时);e1:奖励2%;e2:奖励2.5%;e3:奖励1%。

根据题目描述,完成决策表4-1中的空缺。

注:在决策表中,"√"代表该动作执行;"×"代表该动作不执行。

表4-1 决策表

		1	2	3	4
条件	C1	1	1	0	(1)
	C2	1	0	1	0
动作	e1	√	(2)	×	√
	e2	×	×	(3)	×
	e3	×	(4)	×	×

【问题2】(4分)

某函数的程序流程图如图4-1所示。

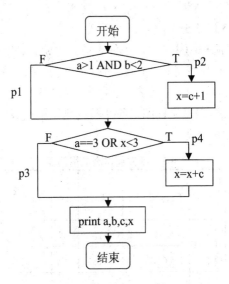

图 4-1 程序流程图

预期执行的四条执行路径为：

```
L13: p1->p3
L14: p1->p4
 (5)
L24: p2->p4
```

根据程序流程图，语句覆盖测试用例表如表 4-2 所示，完成表中空缺。

表 4-2 语句覆盖测试用例表

输入				预期输出	通过路径	语句覆盖率
a	b	c	x	x		
3	1	1	0	(6)	(7)	(8)

【问题3】（5分）

在程序流程图4-1中，条件表达式"a>1 AND b<2"中，"a>1"取真时代表T1，"b<2"取真时代表T2；条件表达式"a==3 OR x<3"中，"a==3"取真时代表T3，"x<3"取真时代表T4。根据程序流程图，条件覆盖测试用例表如表4-3所示，完成表中空缺。

表4-3 条件覆盖测试用例表

用例	T1	T2	T1 AND T2	T3	T4	T3 OR T4	通过路径
1	T	T	T	T	T	T	(9)
2	T	F	(10)	T	F	(11)	L14
3	(12)	F	F	(13)	F	F	L13

【问题4】（2分）

在问题3条件覆盖测试用例表中，去掉用例 (14) ，依然满足条件覆盖，说明原因 (15) 。

试题五（共15分）

阅读下列说明，回答问题1至问题4，将解答填入答题纸的对应栏内。

【说明】

某软件公司计划开发一个电子商务网站，目前需要进行电子商务平台整合和相关应用软件开发。软件公司根据时间要求进行分析并做项目准备工作，给出了资源需求情况如表5-1所示，包括每项工作名称、持续时间和每天需要的劳动时数等信息。图5-1所示为该项目的网络图。

表 5-1 项目资源需求表

工作名称	持续时间/天	每天需要的劳动时数/工时
A	8	8
B	3	8
C	7	3
D	3	10
E	8	5
F	8	7
G	4	6
H	6	7

图例

最早开始时间	总时差	最早完成时间
任务名称/持续时间		
最迟开始时间	自由时差	最迟完成时间

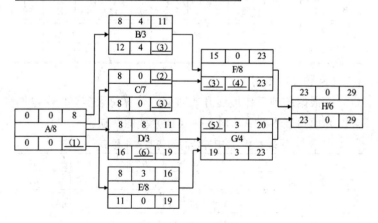

图 5-1 项目网络图

【问题 1】(3 分，每空 0.5 分)

请根据图 5-1 的项目任务逻辑关系，计算并填写其中的(1)～(6)处空缺。

【问题 2】(2 分)

确定该项目的关键路径为___(7)___。

项目完成总工期为___(8)___天。

【问题 3】(5 分)

请根据各项工作最早开始时间，计算每天需要的劳动时数，并填写表 5-2 中(9)～(13)处的空缺。

注：可自行画出项目甘特图进行计算。

表 5-2 最早开始时间资源需求量表

工期/天	1	2	3	4	5	6	7	8	9	10
需求量/工时	8	8	8	8	8	8	8	8	(9)	26
工期/天	11	12	13	14	15	16	17	18	19	20
需求量/工时	26	(10)	8	8	8	(11)	(12)	13	13	13
工期/天	21	22	23	24	25	26	27	28	29	
需求量/工时	(13)	7	7	7	7	7	7	7	7	

【问题 4】(5 分)

请根据各项工作最迟开始时间，计算每天需要的劳动时数，并填写表 5-3 中(14)～(18)处的空缺。

表 5-3 最迟开始时间资源需求量表

工期/天	1	2	3	4	5	6	7	8	9	10
需求量/工时	8	8	8	8	8	8	8	(14)	3	3
工期/天	11	12	13	14	15	16	17	18	19	20
需求量/工时	3	(15)	(16)	16	16	(17)	22	22	22	(18)
工期/天	21	22	23	24	25	26	27	28	29	
需求量/工时	13	13	13	7	7	7	7	7	7	

试题六（共 15 分）

阅读以下说明，回答问题 1 至问题 4，将解答填入答题纸的对应栏内。

【说明】

案例：

A 公司是最早介入网络营销的企业之一，A 公司针对新上市的 B 手机开展了一次网络社区口碑营销，获得了巨大的成功，使 B 手机获得了非常广泛的市场影响力。

精心的营销策划

A 公司首先对国内目标用户的喜好进行了分析，得出 B 手机"超薄、炫酷"的外观及强大的功能对目标用户产生较强的吸引力，这些特点很容易以图片的方式直观体现在网络社区。A 公司根据这些特点策划了以新品曝光为卖点的社区营销文案："超炫 B 全图详解"和"新机谍报绝对真实，A 公司新机 B 抢先曝光"两篇图文并茂的新品曝光文章，吸引了大量网友的眼球。

精准的传播载体和意见领袖的影响

A 公司根据 B 手机的人群定位，进行了网络社区传播载体的选择，并根据人群定位及社区人气进行相应级别划分，有针对性地对社区话题进行投放。因此 B 手机的社区推广活动瞄准日常生活中的意见领袖，他们的意见将会大大影响用户的购买决策。A 公司在意见领袖密集的热门手机类论坛，投放了精心策划的营销文案，当网友参与到 B 手机的话题讨论中来，其实针对他们的营销活动就开始了。随着话题活动的升温，策划的话题文章也被大量转载，在互联网无限延伸的空间中，新品 B 影响的受众越来越多。

线上线下相结合

若只是在网络上获得了一定的影响力,但线下没有相应的结合,那么这种影响力就会逐渐消散。A 公司通过立体的营销策略组合,实现了线上线下资源的有机整合,新品营销推广活动大获成功。

强有力的执行和严密的流程控制

在操作实施的过程中,该策划文案被传播至 30 多个论坛,其中部分论坛以置顶的方式在网络社区进行传播。A 公司执行人员根据社区网友的互动和反馈,进行有针对性的话题引导,并保持与意见领袖的沟通,能够让话题更进一步的深入下去。同时对负面话题进行监控,及时进行危机公关,在活动结束后,对活动流量及反馈进行相应的分析和总结,这将有效地帮助 A 公司掌握消费者心理需求及市场发展趋势。

通过社区数据反馈,活动的营销效果是比较成功的,而通过成本分析,该营销方式的成本远低于传统方式。

【问题 1】(4 分)

A 公司针对新上市的 B 手机开展网络社区营销活动,该营销方式主要通过把具有__(1)__的用户集中到一个__(2)__,达到他们__(3)__的目的。该公司的网络社区属于__(4)__社区。

(4) 的备选答案:

  A. 市场型   B. 服务型
  C. 销售型   D. 购买型

【问题 2】(5 分)

结合案例材料分析,总结出网络社区营销的优势:
__(5)__、__(6)__、__(7)__、__(8)__、__(9)__等。

【问题3】(4分)

案例中A公司开展网络社区营销取得成功的原因：___(10)___、___(11)___、___(12)___、___(13)___。

【问题4】(2分)

结合案例，进一步分析企业开展网络社区营销存在的缺陷和不足：___(14)___和___(15)___。